DE LA LUTTE

ENTRE

LA COUR

ET

LE POUVOIR PARLEMENTAIRE.

Imprimerie de Mme Poussin, rue Mignon, 2.

DE LA LUTTE

ENTRE

LA COUR

ET

LE POUVOIR PARLEMENTAIRE,

PAR

F. LAMENNAIS.

PARIS,

PAGNERRE, ÉDITEUR,

RUE DE SEINE, 14 BIS.

1839.

AVIS DE L'ÉDITEUR.

Nous croyons faire une chose agréable au public en réimprimant à part ces réflexions qui servent de préface à une nouvelle édition de la *Politique à l'usage du peuple*. Il nous paroît utile que les graves problèmes discutés en ce moment et sur la solution desquels se divisent les pouvoirs de l'Etat, soient examinés sous toutes leurs faces et dégagés des nuages dont quelques-uns semblent se complaire à les envelopper. Les ténèbres ne sont bonnes à rien. Elles ne serviroient qu'à prolonger le mal dont on se plaint, en en voilant les causes réelles. Il importe que le pays sache bien quelle est la vraie question, car c'est à lui, et à lui seul qu'il appartient de la résoudre. La lui présenter telle qu'elle est, telle qu'on la conçoit, voilà le devoir des individus, leur unique droit, et ce petit écrit n'a pas d'autre but.

DE LA LUTTE

LA COUR

LE POUVOIR PARLEMENTAIRE.

———

Nous voyons, depuis quelques mois, se développer avec une rapidité croissante le système politique dont les premières bases furent posées, après la révolution de juillet, par des hommes qui, certes, ne l'avoient ni prévue, ni faite, mais qui se trouvèrent prêts à s'en emparer, pour la fausser dans son prinripe et la dénaturer dans ses conséquences ; préparant ainsi , dès le premier instant, tout ce que nous avons vu se produire ensuite , le malaise profond qui fatigue la France, la sourde inquiétude qui l'agite , les maux qui la déso-lent et qui se multiplient d'année en année.

Elle avoit conçu de grandes et justes, et généreuses espérances : où ont-elles abouti? Qu'en a-t-on fait?

La servitude au-dedans , la servitude au moins de l'immense majorité de la nation pri-vée de ses droits d'homme et de citoyen, simple matière exploitable , vile plèbe née pour tra-vailler au profit de ses maîtres, pour payer et pour obéir ; l'humiliation au-dehors, un abais-sement tel que les ignominies du règne de Louis XV étoient en comparaison presque de la gloire : tels ont été les résultats des hautes combinaisons de la sagesse qui préside à nos destinées et de ses pensées immuables. Nous sommes devenus comme peuple *un je ne sais quoi qui n'a de nom dans aucune langue*. Il n'en sera pas, certes, toujours ainsi, nous sortirons de cette fange ; mais enfin voilà notre état présent.

On nous y a conduits au nom de la prospérité industrielle et commerciale, des intérêts matériels placés dans l'estime du gouvernement au-dessus de tous les autres, transformés en une sorte de religion ; et, au bout de neuf ans à peine, il se trouve que ces intérêts ne furent jamais plus compromis, plus en souffrance. Qu'avons-nous, en effet, sous les yeux ? Une gêne universelle, une effrayante misère, le crédit chancelant, les greffes encombrés de déclarations de faillites, les ateliers déserts, le travail arrêté faute de vente, et les ouvriers manquant de pain. Le pouvoir, par ses fausses mesures ou par son incurie, a enlevé à la production une partie de ses débouchés en Espagne, en Suisse, en Allemagne, dans l'Amérique du sud. Comptez les marchés qu'il a fermés au fabricant, au cultivateur. On diroit qu'il se plaît à lutter contre l'actif génie de la France et la fertilité de son sol. Tout en menaçant l'avenir de l'industrie du sucre indigène, il regarde froidement se consommer la ruine des colonies et, à quelque degré, du commerce maritime, qui vainement réclament une décision refusée toujours.

Quel souci a-t-il eu des moyens généraux de développement à l'intérieur? Il n'est pas en Europe, l'Espagne exceptée, un pays sous ce rapport plus arriéré que le nôtre, où l'on se soit occupé avec moins de suite et d'intelligence d'améliorer et de multiplier les voies de

communication, qui possède, proportionnel-
lement à son étendue et à ses ressources,
moins de canaux et de chemins de fer.

Ce sont là des faits, qu'on les explique,
qu'on nous dise en quoi le système que nous
subissons a réellement servi ces intérêts matériels sur lesquels le pouvoir fonde ses titres
les plus certains à la reconnoissance publique,
les intérêts dont il affecte de se déclarer
d'une manière spéciale le défenseur et le représentant.

Personne aujourd'hui n'en doute, il ne re-
présente, il ne défend, il n'a jamais défendu,
représenté que lui-même. Il n'eut jamais
qu'un but, vers lequel il n'a cessé de marcher
invariablement, s'aidant, selon les circonstan-
ces, de la force et de l'astuce, long-temps
habile à tromper la foule, et corrompant ce qui

auroit pu lui opposer quelque résistance. Or ce but, maintenant connu de tous, évident à tous, ce but auquel on a constamment tout subordonné, tout sacrifié, la puissance du pays, sa prospérité, son honneur même, n'est autre, et on l'avoue, que l'établissement de l'absolutisme, la contre-révolution déguisée sous des formes extérieures de liberté purement apparente.

Que veut-on en effet? Une royauté sans contrôle, dans laquelle se concentre la direction de toutes les affaires, des commis appelés ministres, une Chambre si dépendante qu'elle ne soit en réalité qu'un simple conseil; et encore est-ce trop dire, car on s'irrite même de ses plus modestes, de ses plus timides représentations, et l'on tend à faire d'elle ce qu'est devenue la Chambre des pairs, un bureau d'enregistrement, une machine à voter le budget, et c'est ainsi que la question a été posée sous le ministère précédent, qu'elle l'est par la presse de cour à présent même. L'absence prolongée d'un gouvernement sérieux, l'impossibilité où depuis deux mois l'on est d'en former un, la nécessité de vivre d'expédiens, de s'en aller au jour le jour, de provisoire en provisoire, n'a point d'autre cause, et cette cause inhérente à l'ordre ou au désordre actuel ne cessera de ramener les mêmes effets, jusqu'à ce qu'il ne s'opère dans l'état politique du pays quelque changement fondamental.

La cour veut ce que la Chambre, quelle que soit d'ailleurs la flexibilité individuelle de ses membres, ne peut vouloir comme corps, car elle ne peut, comme corps, s'empêcher d'être le représentant très imparfait sans doute, mais enfin le représentant tel quel de

la démocratie ou de la nation entière ; s'empêcher d'être dans tous les sens le premier
pouvoir de l'Etat, ni par conséquent se des-
saisir de l'autorité souveraine qu'elle possède
de fait, malgré les fictions constitutionnelles.

Mais ce qu'elle veut comme premier pouvoir,
comme pouvoir souverain, la cour non plus
ne le peut vouloir, car elle aspire aussi à la
souveraineté, sans laquelle n'étant rien, elle
sent que son existence même seroit très gra-
vement compromise. A quoi bon, ne tarderoit
pas à se demander le pays, à quoi bon un
rouage inutile et par là même embarrassant
dans l'organisation politique ?

La cour a donc raison, pour n'être pas
jugée inutile et embarrassante, de s'efforcer
d'attirer à elle le pouvoir souverain que la
Chambre veut garder, parce qu'il est aussi

son existence même ; et, soit que la Chambre, soit que la cour l'emporte dans cette lutte, où il s'agit pour toutes deux de la vie ou de la mort, l'issue évidemment ne peut être qu'un changement radical dans la constitution de l'Etat, puisqu'en réalité un des pouvoirs constitutionnels seroit annulé.

Mais prenons la question dans les termes mêmes où la posent les deux pouvoirs rivaux.

La Chambre, par l'organe de la coalition, dit : Le roi règne et ne gouverne pas.

La cour dit : Le roi règne et gouverne.

Si le roi règne et gouverne, les ministres ne peuvent être que de purs instrumens qui exécutent ce qu'il a réglé, décidé, sans qu'ils puissent jamais rien décider eux-mêmes, ni refuser d'exécuter les décisions du roi ; autrement ce seroient eux qui gouverneroient, et non pas le roi.

Si les ministres n'ont ainsi qu'un rôle passif dans le gouvernement, si leurs fonctions se bornent à exécuter les ordres du roi, la Chambre ne sauroit avoir aucuns motifs de désirer jamais un changement de ministère, car ce changement n'en apporte aucun dans le système du gouvernement, qui n'est pas le système des ministres qui s'en vont, mais du roi qui reste.

Elle ne peut non plus raisonnablement user de son influence pour forcer le roi à se séparer de ses ministres ; car, d'une part, il seroit absurde que celui qui gouverne de droit ne fût pas libre dans le choix de ses agens ; et, d'une autre part, lui ôter cette liberté indispensable, le priver d'agens qui ont sa confiance, lui en imposer d'autres qui ne l'ont pas, ce seroit désorganiser le gouvernement, le rendre impossible, ce seroit établir l'anarchie.

Tout autre moyen que la Chambre emploieroit, soit pour entraver le pouvoir royal, soit pour le contraindre à abandonner son système politique ou à le modifier contre ses convictions, seroit également incompatible avec le droit de gouverner appartenant à la royauté, auroit les mêmes conséquences absurdes, aboutiroit pareillement à l'anarchie.

Reconnoître au roi le droit de gouverner, et prétendre en même temps qu'il gouverne, non d'après ses lumières et sa volonté, mais suivant les pensées et le bon plaisir de la Chambre, c'est se jouer du bon sens, c'est énoncer une contradiction qui va jusqu'à l'ex-

travagance, c'est dire que le roi commande
et obéit à la fois et sous le même rapport.

Mais, dès lors aussi, si le roi règne et gouverne réellement, la Chambre n'est plus un
pouvoir; elle devient elle-même, dans la
sphère de ses attributions, un simple agent
du vrai pouvoir, du pouvoir qui gouverne;
elle concourt, selon certaines formes détermi-
nées, à quelques-uns de ses actes, elle les régularise matériellement, comme, en matière
d'impôts ou de législation, les parlemens ré-
gularisoient les actes souverains de l'autorité
royale; et, comme eux encore, elle peut
avertir, elle peut déposer aux pieds du trône
d'humbles et respectueuses remontrances. Là
est la limite de son droit, sans quoi il faudroit
dire que le roi ayant le droit de gouverner, la
Chambre a celui d'empêcher qu'il gouverne.

Ce sont là des conséquences forcées, évidentes, palpables, **que tous les sophismes du monde ne sauroient obscurcir, et les publicistes de la cour n'ont rien exagéré en les développant.**

Mais l'axiome contraire a également ses conséquences forcées, inévitables, nécessaires.

Si le roi règne et ne gouverne pas, qu'est-il constitutionnellement dans l'Etat? D'abord, évidemment, il n'est pas un pouvoir, puisqu'il ne peut rien et ne fait rien. Il est une machine à signer, une griffe légalement dépourvue de volonté et d'intelligence, un chiffre du budget et un chiffre très lourd. Qui donc gouverne dans cette hypothèse? La Chambre, à la vérité non directement, mais médiatement par les ministres, ses agens responsables, et ceux-ci forment le véritable pouvoir exécutif.

On dira que le roi les nomme. Nous répondrons qu'il ne les nomme point, qu'il régularise seulement leur nomination par la formalité matérielle de sa signature apposée au bas d'une ordonnance ; en ce cas encore, simple griffe constitutionnelle. Il ne les nomme point, car il ne sauroit de fait ni les choisir, ni les garder contre le gré de la Chambre. Lorsqu'ils ne conviennent point à celle-ci, lorsqu'elle désapprouve leur politique, leurs actes, elle peut toujours les obliger à se retirer quand il lui plaît.

Il est vrai que, de son côté, le roi peut dissoudre la Chambre, et qu'alors il paroît user d'un pouvoir personnel. Mais ce n'est encore là qu'une fiction. Ne faut-il pas que l'ordonnance de dissolution soit contre-signée par un ministre responsable quelconque ? Et si, par hypothèse, ce ministre ne se trouvoit point, ne seroit-elle pas constitutionnellement impossible?

Dans la réalité, la dissolution, hommage rendu à la souveraineté nationale, n'est qu'un moyen de consulter le pays, à qui l'on demande de se prononcer entre deux systèmes politiques sur lesquels le ministère existant, soutenu par une minorité de la Chambre, diffère avec la majorité, une précaution légale contre le despotisme de celle-ci et contre ses passions, s'il arrivoit qu'elles devinssent dangereuses. Car, en définitive, que les électeurs renvoient à la Chambre la majorité qu'on a voulu rompre, il faudra bien que tout lui cède; ses idées triompheront; elle exercera de plein droit son suprême pouvoir. La minorité et le ministère, qui s'appuioient sur elle, seront forcés de ployer sous la volonté nationale, d'obéir à son jugement souverain.

Cherchez là-dedans une trace, je ne dirai pas de pouvoir, mais d'influence royale constitutionnelle. Supposer seulement qu'il en puisse exister une effective, légitime, légale, ce seroit vous contredire vous-même, ce seroit admettre une manifeste absurdité. Quoi de plus absurde en effet que de supposer que le roi, ne faisant rien, ne gouvernant rien, n'administrant rien personnellement, ait personnellement quelque chose à soutenir, à défendre contre une majorité quelle qu'elle soit ! N'oubliez donc pas que, selon vous, le roi c'est une griffe, un chiffre ; et qui jamais entendit parler du système d'un chiffre, de la volonté politique d'une griffe ?

Ainsi, de fait, la Chambre possède exclusivement le pouvoir souverain. Elle l'exerce directement en matière d'impôts et de législation, et médiatement, en ce qui touche la

conduite des affaires au-dehors et au-dedans,
par des agens responsables ou par les ministres. Nulles volontés humaines ne sauroient
empêcher ces conséquences de se produire,
si le roi ne gouverne pas, s'il reste absorbé
dans sa quiétude constitutionnelle.

Or, qu'est-ce que cela, sinon une véritable
république, dans la plus stricte acception du
mot, et une très mauvaise république ?

C'est une république, puisque le corps dé-
positaire du pouvoir souverain est formé originairement et périodiquement renouvelé par
l'élection ; qu'il choisit et change à son gré les
agens responsables chargés temporairemen
d'exécuter les lois qu'il a faites, les résolu-
tions qu'il a prises, c'est-à-dire qui gouver-
nent, administrent, en vertu d'une réelle
délégation de pouvoir constamment révo-
cable.

C'est une très mauvaise république,

Parce que, déguisée sous des noms menteurs, elle favorise l'introduction d'un principe contraire qui la vicie et la détruiroit, s'il parvenoit à prévaloir;

Parce qu'elle manque, dès lors, des conditions d'ordre et de stabilité qui n'appartiennent qu'aux institutions sociales dont la nature est franchement avouée et déterminée nettement, sur le caractère desquelles nul ne peut se méprendre ou feindre de se méprendre; en un mot, aux institutions qui, unes en soi, maintiennent dans l'Etat l'unité d'où résulte sa force et qui est sa vie même;

Parce que la puissance exécutive seroit trop mobile et trop vacillante, trop dépendante des impressions, des entraînemens soudains, des passions, des caprices d'une assemblée, des intrigues des partis, des sourdes menées des ambitieux ;

Parce qu'au lieu de faire un gouvernement, on auroit constitué une anarchie permanente, irrémédiable.

Aussi remarquez bien que, pour éviter cette anarchie sans cesse menaçante, autre a toujours été votre gouvernement spéculativement conçu, autre votre gouvernement effectif, pratique. On s'est prêté des deux côtés à une fiction qui ne pouvoit être éternelle. L'antagonisme radical que l'on étoit convenu de voiler, devoit nécessairement se manifester tôt ou tard. De là les embarras présens, la crise dont la France attend la fin avec une impatience inquiète. Le pouvoir est un, essentiellement un. De deux pouvoirs qui se disputent la souveraineté dans un même État, si l'un est légitime, l'autre évidemment ne l'est pas, car la coexistence de deux pouvoirs souverains est contradictoire. Deux pouvoirs qui se balancent, comme on dit, qui se font équilibre, sont deux pouvoirs en guerre, et ils guerroieront, et le pays souffrira de leur lutte aussi long-temps que l'un des deux n'aura pas été vaincu sans retour.

Ainsi, en ce moment, il y a lutte entre le pouvoir démocratique qui, le voulût-il, ne peut s'abjurer lui-même, ne peut faire qu'il ne soit pas ce qu'il est effectivement; et la cour qui ne peut non plus s'abjurer elle-même, qui ne peut avouer sa complète et radicale inutilité; qui dès lors, pour être quelque chose, doit tendre à devenir un pouvoir réel, et qui, pour être un pouvoir réel, doit être, comme nous venons de l'expliquer, un pouvoir prépondérant, le pouvoir légitime, le pouvoir unique et souverain.

Or, qui l'emportera du pouvoir démocratique, ou du pouvoir qui lui dispute la souveraineté? Telle est la grave question qui se
débat; et certes il n'est pas surprenant qu'elle
préoccupe si vivement les esprits, car elle
renferme tout l'avenir de la société. Jusqu'à
ce qu'elle soit résolue, on le voit assez, point
de gouvernement possible, absence absolue
d'administration régulière et suivie, désordre
profond, incertitude sur toutes choses et de
toutes choses. Et chacun, quelles que soient
ses opinions, ses sympathies, doit désirer
qu'elle soit résolue définitivement, parce qu'un
attermoiement ne seroit qu'une funeste pro-
longation du mal qui nous travaille, parce que
désormais cette grande question se représen-
tera toujours, parce qu'aucun Etat ne sauroit
vivre au sein de l'anarchie qu'enfante le
combat forcé de deux principes, qui tendent
respectivement à développer deux séries de

conséquences rigoureusement contradictoires.

En résumé donc :

Si le roi règne et gouverne, le roi est tout ; et l'on ne peut, sans porter le trouble dans l'Etat, sans opposer au seul pouvoir légitimement souverain une résistance factieuse, anarchique, refuser de lui obéir. Sa volonté domine toute autre volonté, ou plutôt lui seul a le droit constitutionnel de vouloir, identique avec le droit de gouverner.

Si le roi règne et ne gouverne pas, la Chambre est tout ; et l'on ne peut, sans porter le trouble dans l'Etat, sans opposer au seul pouvoir légitimement souverain une résistance factieuse, anarchique, refuser de lui obéir. Sa volonté domine toute autre volonté, ou plutôt elle seule a le droit constitutionnel de vouloir, identique avec le droit de gouverner.

En d'autres termes, ou la nation, en vertu de son droit absolu de souveraineté, se gouverne elle-même par des délégués élus pour un temps; ou elle est gouvernée par un pouvoir qui, fût-il même originairement émané d'elle, est, une fois établi, indépendant d'elle, puisqu'irresponsable et inviolable, il se perpétue sans élection nouvelle, par la seule génération.

Entre ces deux systèmes d'organisation politique, nul milieu possible, et c'est en vain que l'on essaie d'en trouver un. En s'obstinant à le chercher, on ne réussira qu'à priver le pays d'un gouvernement réel, fort, durable; qu'à entasser désordres sur désordres, calamités sur calamités.

Si vous croyez au retour inévitable du passé, si vous voyez dans le principe ancien une éternelle condition de l'ordre, la vraie, l'unique base de la société, momentanément renversée par les peuples dans un accès de délire, rétablissez le principe ancien franchement, ouvertement, et acceptez-en toutes les conséquences. C'est votre devoir rigoureux.

Si, au contraire, vous êtes convaincus que le passé ne peut ni ne doit renaître ; si vous avez foi au principe démocratique qui, de jour en jour, s'étend et grandit en Europe, si vous y voyez une indispensable condition de l'ordre à l'époque présente, la vraie, l'unique base de la société telle que l'ont faite les progrès de l'humanité, établissez franchement, complétement le principe démocratique, et acceptez-en toutes les conséquences. C'est votre devoir non moins rigoureux.

Point de vaines illusions, point de foiblesse coupable : il ne s'agit point de savoir si l'on aimeroit mieux ne pas avoir à se résoudre sur un point d'une pareille gravité, à prendre une décision d'où dépend le sort de la génération actuelle, comme des générations futures; il s'agit de reconnoître ce qu'une irrévocable nécessité commande impérieusement, et de l'accomplir sans hésiter, avec le calme de la nécessité même.

Mai 1839.

FIN.

www.ingramcontent.com/pod-product-compliance
Ingram Content Group UK Ltd.
Pitfield, Milton Keynes, MK11 3LW, UK
UKHW021707090726
13657UKWH00005B/2085